Für meinen Vater

Die Deutsche Bibliothek – CIP Einheitsaufnahme
Venedig – Ein Bildspaziergang
Ill. u. hrsg. von Ina Riepe. – 1. Aufl. – Witten:
Westerweide-Vlg., 2004
ISBN 3-928003-39-9

Alle Bilder: (Originale: Ina Riepe)
Gedicht- und Textauswahl: Ina Riepe
Begleittexte: Ina Riepe
DTP: Stefan Pototzki
Druck: Rehms Druck GmbH, Borken/Westfalen
Redaktion und Lektorat: Dagmar Winkler

Printed in Germany 2004
ISBN 3-928003-39-9

Venedig

Ein Bildspaziergang

Ich wollte Venedig nicht lieben.
Ich wollte mich verweigern und wollte die Stolze spielen.
Doch Venedig musste sich nicht bemühen, nicht heller strahlen, nicht buhlen.
Ich fiel ihr zu Füßen im ersten Augenblick.
Kaum dem Zug entstiegen, noch halb in der Vorhalle des nüchternen Bahnhofs, erschien sie mir durch die Säulen des Vordachs, verschwimmend in Licht. Wie Luftschiffe schaukelten vereinzelte Gondeln vor der rosigen Silhouette von San Simeone Piccolo, deren Stufen hinabstiegen in das gold- und blaumarmorierte Wasser des großen Kanals wie eine Göttin in ihr Bad.
Kein anderes Bild der Stadt kann dieses je verdrängen.

I.R.

Der Anfang …

Zu Beginn dieser Fahrt gab es einen Moment, da mich, noch auf dem Festland auf den „Waterbus“ wartend, die schon ganz warme Aprilsonne der Adria küsste und nach der üblichen Tristesse der Reise – aller Reisen – das Licht der Lagune zärtlich mein verhärtetes Herz erweichte. Alles war silberne Helle. Leicht ins Violette gehende, schwachkonturierte Grautöne und Licht. Das Boot kam und mit ihm das beglückende Gefühl, mich einem besonderen Ort zu nähern, einer Vorstellung der besonderen Art, auf dessen unbeschreiblicher Bühne sich nun der Vorhang hebt.

I.R.

Wer ist der grimme Engel, der mich rüde in den Rücken stieß, da ich entflog zum Paradies?

Arthur Rimbaud

Mein Hotelzimmer –
mit dem Charme einer
Besenkammer. Aber der
Ausblick! Die Engel von
Santa Maria del Giglio –
weißer Marmor gegen
blassblauen Himmel –
erheben ihre Posaunen
zum Lobe des Herrn,
morgens, mittags, abends
– immerzu.

I.R.

Cannaregio

Das 1. Sestiere

„Hier sitzt Marcantonio auf einem silbergestickten Kissen, dem greisen Juden zu Füßen, und erzählt von Venedig, wie von einem Märchen, das es nirgendwo jemals ganz so gegeben hat. Er erzählt von den Schauspielen, von den Schlachten des venetianischen Heeres, von fremden Gästen, von Bildern und Bildsäulen, von der „Sensa“ am Himmelfahrtstage, von dem Karneval und von der Schönheit seiner Mutter Catharina Minelli. Alles das ist für ihn von ähnlichem Sinn, verschiedene Ausdrücke für Macht und Liebe und Leben.

Den beiden Zuhörern ist alles fremd; denn die Juden sind streng ausgeschlossen von jedem Verkehr, und auch der reiche Melchisedech betritt niemals das Gebiet des Großen Rates, obwohl er, als Goldschmied, und weil er allgemeine Achtung genoß, es hätte wagen dürfen.“

Rainer Maria Rilke. Aus: „Geschichten vom lieben Gott.“

Durchgang zum alten Ghetto

„Wie sieht er einem falschen Zöllner gleich!
Ich hass´ ihn, weil er von den Christen ist,
Doch mehr noch, weil er aus gemeiner Einfalt
Umsonst Geld ausleiht, und hier in Venedig
Den Preis der Zinsen uns herunterbringt.
Wenn ich ihm je vergebe!
So tu´ ich meinem alten Grolle gütlich.
Er haßt mein heilig Volk, und schilt, selbst da
Wo alle Kaufmannschaft zusammen kommt,
Mich, mein Geschäft und rechtlichen Gewinn,
Den er nur Wucher nennt. – Verflucht mein Stamm,
Wenn ich ihm je vergebe!“

William Shakespeare

Am Canale di Cannaregio

Cannaregio – Sestiere des großen Trampelpfades vom Bahnhof zum Rialto. Aber auch Viertel der Stille, der Anmut und atmosphärischen Dichte.
Brücken über den Canale di Cannaregio. Schneiderateliers, Elektrolädchen.
Enges Ghetto, breite Kais, koschere Restaurants.

I.R.

Wir sind die Treibenden.
Aber den Schritt der
Zeit,
nehmt ihn als Kleinigkeit
im immer Bleibenden.

Alles das Eilende
wird schon vorüber sein;
denn das Verweilende
erst weiht uns ein.

Knaben, o werft den Mut
nicht in die Schnelligkeit,
nicht in den Flucht-
versuch.

Alles ist ausgeruht:
Dunkel und Helligkeit,
Blume und Buch.

Rainer Maria Rilke
Aus: „Rilke für Gestreßte“.

Büste Paolo Sarpi

Von Euch, die meine Herzensseufzer hören,
Wie sie durch manche Reimerei verstreut,
Als ich in vielem anders war als heut,
In meiner Jugend irrendem Betören,

Bei dem Bemühn, mit Tränen zu erklären
Den eitlen Schmerz, der Hoffnung Eitelkeit,
Wird, hoff ich, wer erprobt der Liebe Leid,
Wenn nicht verzeihn, doch Mitleid mir gewähren.

Wohl seh ich nun, wie sie im ganzen Lande
Auf falsche Kunde hin schon lang mich nennen,
Und voll Beschämung acht ich selbst mich kaum:

All jener Schwärmereien Frucht ist Schande
Und bittre Reu und deutliches Erkennen,
Daß, was die Welt entzückt, ein kurzer Traum.

Francesco Petrarca

Cannaregio

Markusplatz

San Marco

Das 2. Sestiere

„Der Platz lag in sonnenloser Schwüle. Unwissende Fremde saßen vor den Cafés oder standen, ganz von Tauben bedeckt, vor der Kirche und sahen zu, wie die Tiere, wimmelnd, flügelschlagend, einander verdrängend, nach den in hohlen Händen dargebotenen Maiskörnern pickten."

Thomas Mann

San Marco, das uralte Herz Venedigs. Hier ist die Stadt maurischer, byzantinischer, verschmolzener mit dem, was die Serenissima war, was sie tat, baute und stahl.
Hier bannt sie uns am stärksten und weist uns herablassend in die Schranken. Hier lässt sie fühlen wie gnadenlos wir uns der allesfressenden, alleszerstörenden, alles-verwertenden Moderne ausgeliefert haben, ohne mehr als Brosamen schwindender Wohlfahrt dafür zu bekommen.

I.R.

„5. Oct. [1874]
Ausgang um 10 Uhr nach dem Markusplatz! Markuskirche besucht! Flaniert; Chokolade u. Bouillon bei Florian auf der Piazza getrunken, die berühmten Tauben gefüttert. Wein u. Pfirsich gekauft; nach der Post, Paket von Decker. Wieder flaniert; immer bleibendes Entzücken. Um 6 Uhr zu table d´hote in unserem Hôtel; gut gegessen u. getrunken. Frau u. Frl. v. Noville getroffen; mit ihnen nach dem Markusplatz, Piazetta etc. Dann bei Florian Eis u. Limonade getrunken. Um 9 die Damen nach dem Hôtel begleitet u. noch ein Birra in dem Bauer-Restaurant getrunken."

Emilie Fontane

Auf dem Campo San Maurizio

Ehmals und jetzt

In jüngern Tagen war
ich des Morgens froh,
Des Abends weint ich;
jetzt, da ich älter bin,
Beginn ich zweifelnd
meinen Tag, doch
Heilig und heiter ist
mir sein Ende.

Friedrich Hölderlin

Palazzo Pisani mit Loggia

„Goethe rang in Venedig mit Iphigenie. Sie wollte nicht werden. Er dachte schon an Tasso. Er reiste nach Ferrara, um Tassos Gefängnis zu sehen. Er traute seinen Augen nicht. Er fand das Gefängnis zu schäbig. Goethe war standesbewußt. Als Dichter. Als Minister. Auch verdrängte er den Verdacht, daß fürstliche Mäzene grausam sein könnten."

Wolfgang Koeppen

Palazzo Loredan

Calle dei Fabbri.
Der große Basar der Stadt. Lange, enge, hohe Gassen. Glas, Masken. Bücher, venezianisches Papier. An mir vorbei, scheuen Blicks, taucht Signora Donna Leon in das goldbraune Interieur der Pasticceria.

I.R.

Denkmal Carlo Goldoni auf dem Campo San Bartolomeo

Carlo Goldoni, kleiner dicker Ritter der Commedia dell´Arte. Meister eines Theaters der Gesten und Gemeinheiten. Molièretheater: Spielen ohne Gnade, aus dem Stehgreif und doch perfekte Technik. Improvisation der Könner!

I.R.

Carlo Goldoni war nicht nur der Verfasser zahlloser Stücke der Commedia dell´Arte, einer untergegangenen Form des Theaters, eines Theaters, das mit einem Repertoire an Charakteren wie dem prahlenden Dummkopf Coviello, dem stotternden, subalternen Steuereintreiber oder Notar Tartaglia oder der listigen, kein Blatt vor den Mund nehmenden Colombina Figuren schuf, die in unterschiedlichen Kombinationen und durchaus drastisch verstärkt menschliche Irrungen und Verwirrungen anschaulich machte. Er war auch ein aufmerksamer Chronist venezianischen Lebens: Der Stadt Venedig und der „Terraferma", des venezianischen Landlebens. Als Vertreter des Bürgertums portraitierte er scharf die pompösprassenden Verfallsszenarien eines Adels, der keine wirkliche Macht und Funktion, aber immer noch sehr viel Appetit hatte.

I.R.

Marotte. Sie wünschen, Herr Gorgibus?
Gorgibus. Wo sind die Damen?
Marotte. In ihrem Kabinett.
Gorgibus. Was treiben sie?
Marotte. Sie fabrizieren Lippenpomade.
Gorgibus. Das ist mir zu pomadig. Sag ihnen, sie sollen herunterkommen. (Allein.) Diese blöden Dinger wollen mich mit ihrer Pomade wohl ruinieren. Überall

Campo San Bartolomeo

sehe ich nur Eiweiß, Jungfernmilch und tausenderlei anderen Krimskrams, den ich nicht kenne. Seit wir hier sind, haben sie den Speck von mindestens einem Dutzend Schweinen verwendet, und vier Dienstboten könnten sich täglich an den Hammelfüßen satt essen, die sie verbrauchen.

Molière

„Die Schauspieler prägen ihrem Gedächtnis die verschiedensten Dinge ein – Sentenzen, Concetti, Liebeserklärungen, Vorwürfe, Verzweiflungs- und Wahnsinnsausbrüche, um sie im Bedarfsfalle vorrätig zu haben; und was sie auswendig lernen, paßt genau zum Typ derjenigen Personen, die sie darstellen."

Niccolò Barbieri

Riva degli Schiavoni

Auf der Via Garibaldi

Castello

Das 3. Sestiere

Via Garibaldi.
Sie wurde gewiss nur angelegt, um den Bewohnern des Viertels Gelegenheit zu geben, sich im öffentlichen Raum bei ihren mehrmaligen, täglichen Begegnungen ihr „Ciao“ oder „Ciao, Ciao“ zuzurufen und ein gebärdenreiches Schwätzchen zu halten.

I.R.

„… Verborgen in einer Wasserstadt; in Gäßchen; vom Weltgeschehen abseits: leben Geschöpfe, glutvoll und fein; zart und lustig; königlich und sanft.
Venezianische.
Sehen die Welt, wenn sie einmal auf den Markusplatz kommen. Oder wenn sie am Fenster bis spät in die Nachbargasse blicken. Das Leben verrauscht; wir wissen nichts von ihnen, – bis zufällig ein Einzelner irgendwohin zurückkehrt: von dannen er in einer hohen, atmenden Stunde, vor Jahren, ausging.
Kränze gleiten. Sommergesänge in Höhen und Tiefen. Sterne leuchten und stürzen durch den Weltenraum. Und der glückvolle Schmerz bleibt: dies alles nicht nehmen, es mit der Gurgel trinken, es mit den Zähnen essen zu können – und nicht selber zu bleiben, was man heute noch, heute noch, heute noch war.
So ist das Leben. Questa è la vita. Such is life. C´est la vie, c´est la vie, c´est la vie."

Alfred Kerr

Büste Dante Alighieri am Arsenal

„Die Herren (Der Terraferma) lieben Venedig nicht, sie neigen zu den Verbündeten, aber das Volk, die Plebs, die Bauern sind alle Anhänger der Republik."

Niccolò Machiavelli

Castello.
Ehemals stolze Arbeitervorstadt Venedigs. Heute – wer weiß das schon noch so genau?
Dicht bewohnt ist dieses Viertel immer noch, das beweisen die eng gespannten Wäscheleinen. Hier ist immer Samstag: Märkte für Fisch, Obst, Gemüse. Metzger, Lebensmittelläden, Trattorien: An den Theken kleben die Männer. Ich gehe weiter.

I.R.

Wohnblock in Castello

Mittag

Der Sommer steht still.
Im Libellenflügel des Mittags
spiegelt sich Pan.
Lautlos entblättert der Mohn.
Mit türkisenen Augen
blinzeln die sanften Lazerten
in die zitternde Perlmutterluft.
Der Sommer steht über den Rosen.
Bald kommen die Schnitter.

Dagmar Nick

Isola di San Pietro

Eine Holzbrücke ganz am Ende der Via Garibaldi: Man steigt hinauf, man steigt hinunter – und plötzlich hat man Venedig verlassen und ist in Italien, auf dem Lande. Scheinbar – denn die Lagune ist nur ein paar Schritte weit weg. Zum ersten Mal sieht man einen kleinen Vorgarten, sogar ein Zäunchen davor. Man glaubt sich ganz allein, und vergisst, dass hinter den Türen, hinter den Jalousetten, Menschen leben. Junge Menschen, aber noch mehr alte. Mit ihrem Hund oder der Katze verbringen sie ihre Tage wie immer. Sie schwatzen vor dem Haus mit der Nachbarin, sitzen auf dem beschaulichen Kirchhof vor San Pietro, schauen aufs Wasser und die inneren Bilder der Vergangenheit.

I.R.

Der Mittag

Dein Wort, Herr,
scheint so klar als
wol kein
Mittags-Licht,
Hilff, daß es mich
erleucht und alle
Blindheit bricht!

Friedrich von Logau

Irgendwo ...

Mein Lieblingslokal ist eine Snack Bar mit einer Restaurant – Dépendance. Wer im Restaurant keinen Platz bekommt, sitzt auf einer der drei Holzbänke und wartet, bis er gerufen wird. Ich wurde nie gerufen. Also blieb ich immer da sitzen und aß immer das Gleiche, denn in der Bar war das Angebot äußerst eingeschränkt: Rigatoni mit Kräutern und Salat. Dazu Wein. Um satt zu werden, entwickelte ich einen Trick: Brot nachbestellen, Salat mit wahnsinnig viel Öl und Essig anmachen und alles mit soviel Brot wie möglich auftunken! Natürlich weiß der Kellner Bescheid und der Wirt hasst Dich – aber darauf kann man keine Rücksicht nehmen.

I.R.

Eine Besonderheit in Venedig ist der SPRITZ. Diese – wohl in Zeiten österreichischer Herrschaft entstandene – Namensgebung für ein Getränk, hilft immer und immer wieder dem manchmal niedergeschlagenen Reisenden über Krisen hinweg – wenn auch nur zeitlich begrenzt.

Diese köstliche Mischung aus Campari, Weißwein oder Sekt, mit Soda aufgefüllt sowie einer grünen Olive serviert, erfreut das Auge, belebt den Körper, erheitert den Geist.

Gelegenheiten, ihn je nach Stimmungslage, in der mittäglichen Wärme irgendeines Campo (schön sind sie ja alle) oder dem Getriebe touristischer Brennpunkte zu genießen, schenkt uns die Stadt im Übermaß.

I.R.

Selbstvergessenheit

Der Strom – floß,
Der Mond vergoß,
Der Mond vergaß sein
Licht – und ich vergaß
Mich selbst, als ich so saß
Beim Weine.
Die Vögel waren weit,
Das Leid war weit,
Und Menschen gab es
keine.

Li-tai-pe

Gelbe Chrysanthemen

Im Laternenlicht
büßt' die gelbe
Blütenpracht
ihre Farbe ein.

Taniguchi Buson

San Polo Das 4. Sestiere

Rialto, alte Lagerhallen

Bei Santa Maria Gloriosa dei Frari

Campo San Polo

Ist der Campo Santa Margherita das Wohnzimmer Venedigs, so ist der Campo San Polo der Salon (Der Markusplatz ist ja ein Ballsaal). Hier sitzt man dann auf einer der schönen roten Bänke, bewundert die ehrwürdige Eleganz des lichten Platzes und sinniert über die Ungerechtigkeit, nicht hier geboren zu sein.

I.R.

„Ein weiter, prächtiger Campo, den ich in solcher Größe in diesem Netz von kleinen Gassen bestimmt nicht vermutet hätte, breitete sich vor mir aus, von bezaubernden, im bleichen Mondschein daliegenden Palästen eingefaßt. Es war dies eine jener aus harmonisierenden Gebäuden bestehenden Einheiten, auf die in anderen Städten alle Straßen hinführen, zu denen sie uns eigens geleiten und auf die sie uns ganz ausdrücklich verweisen. Hier schien es eher mit Absicht an einer Straßenkreuzung versteckt wie jene Paläste orientalischer Märchen, zu denen eine Person des Nachts geleitet wird, damit sie, vor Morgengrauen nach Hause zurückgeführt, die magische Stätte nicht wiederfindet und schließlich wirklich glaubt, sie habe sie nur im Traum betreten."

Marcel Proust

Campo San Polo

„Einzig Venedig …
bezeugt, was von der
Größe und Pracht der
Römer geblieben ist.“

Andrea Palladio

Irgendwann …

„Cést est triste Venise, c´est trop triste Venise“ singt Charles Aznavour in einem seiner Chansons.
Nun ja …
Es gibt Tage, Tage an denen das Thermometer plötzlich auf 40 Grad steigt, Tage an denen es trübe ist, dunstig, an denen sogar die Farben Venedigs vergrauen ohne schön zu sein.
Tage nach Nächten in schlechten Zimmern, zu schwül, zu eng.
Tage, an denen man wütend ist über das mickerige Frühstück, die ewige Geldknappheit, auf die Mücken, die unverschämten Preise der Restaurants, die Tagestouristen, die Touristen an sich, sich selbst …

I.R.

Blick auf das linke Ufer des Canal Grande

San Michele

Ein strahlender, fast warmer, weichgestimmter Frühlingsmorgen. Meist ältere Frauen haben noch ein paar Blumen gekauft und warten mit mir an den Fondamenta Nuove auf das Boot. Wir fahren auf die Insel der Toten. Wir legen ab, und nicht lange danach leuchtet sie uns entgegen: rot die alte Backsteinmauer, die sie umgiebt, pastellblau der Frühlingshimmel, leuchtend weiß der istrische Marmor. Die Vögel zwitschern wie verrückt und ich fasse meine Freude nicht: Zypressen, unzählige, verströmen balsamische Düfte.
Ich besuche die Gräber wie man in einem alten Buch liest. Vertieft in die Inschriften, die künstlichen und die echten Blumen betrachtend, scheint der dunkle Tod mir ferner als an Orten, wo die Menschen sich tummeln. Hier ist es ruhig, die Besucher sind rar, doch ab und an tritt jemand neben mich – am umgesunkenen Grabstein Ezra Pounds oder Igor Strawinskys – man lächelt sich an, beglückt, in einem Verstehen, das man nicht erklären kann.

I.R.

Nichts
in der Stimme der Zikade sagt,
wie bald sie sterben wird.

Basho

Die Sonne sinkt

Warm atmet der Fels:
schlief wohl zu Mittag
das Glück auf ihm seinen
Mittagsschlaf? –
In grünen Lichtern
spielt Glück noch der
braune Abgrund herauf.

Tag meines Lebens!
gen Abend geht´s!
Schon glüht dein Auge
halbgebrochen,
schon quillt deines Taus
Tränengeträufel,
schon läuft still über
weiße Meere
deiner Liebe Purpur,
deine letzte zögernde
Seligkeit.

Friedrich Nietzsche

Recinto
Campo Q

Schau, wie die Zypressen schwärzer werden
in den Wiesengründen, und auf wen
in den unbetretbaren Alleen
die Gestalten mit den Steingebärden
weiterwarten, die uns übersehn.

Solchen stillen Bildern will ich gleichen
und gelassen aus den Rosen reichen,
welche wiederkommen und vergehn;
immerzu wie einer von den Teichen
dunkle Spiegel immergrüner Eichen
in mir halten, und die großen Zeichen
ungezählter Nächte näher sehn.

Rainer Maria Rilke. Aus: „Rilke für Gestreßte".

Murano

„Des Morgens drängt dieses Licht gegen deine Fensterscheibe, und wenn es dein Auge wie eine Muschel aufgestemmt hat, läuft es dir voran und läßt seine länglichen Strahlen – wie ein leichtfüßiger Schuljunge, der mit seinem Stock am eisernen Gitter eines Parks oder Gartens entlangstreicht – an Arkaden, Kolonnaden, Schornsteinen aus rotem Ziegelstein, Heiligen und Löwen entlangklimpern.
„Abbilden! Abbilden!“ ruft es dir zu, weil es dich entweder fälschlich für einen Canaletto oder Carpaccio oder Guardi hält oder der Fähigkeit deiner Netzhaut, das festzuhalten, was es dir eröffnet, nicht traut, ganz zu schweigen vom Aufnahmevermögen deines Hirns. Vielleicht erklärt das letztere ersteres. Vielleicht bedeuten sie dasselbe. Vielleicht ist Kunst schlicht die Reaktion eines Organismus gegen die Grenzen seines Bewahrungsvermögens.“

Joseph Brodsky

Abseits der Lockpfade, Richtung Fondamente Colleoni, reihen sich die alten Glasbläsereien aneinander. Industriearchitektur auf venezianische Art, halb intakt, halb verlassen. Der rote, bläulich patinierte Backstein, reflektiert die Frühlingssonne. Blaue Schatten. Leises Gläserklirren hier und da. Mittagspause der Glasbläser. Die Zeit atmet ruhig.

I.R.

„Und ich liebe es so sehr,
jenes Muran …
Mit seinen Gärten voller
duftender Kräuter,
Und jenem so sauberen
und klaren Kanal,
Mit seinen so schönen
geräumigen Häusern …
Ein Ort, den nur unser
Herrgott erschaffen haben
kann.

Andrea Calmo

„So aber ging er denn, ging unter den Aufmerksamkeiten des Personals durch die Halle, die große Terrasse hinab und geradeaus über den Brettersteg zum abgesperrten Strand der Hotelgäste. Er ließ sich von dem barfüßigen Alten, der sich in Leinwandhose, Matrosenbluse und Strohhut dort unten als Bade-

meister tätig zeigte, die gemietete Strandhütte zuweisen, ließ Tisch und Sessel hinaus auf die sandig bretterne Plattform stellen und machte es sich bequem in dem Liegestuhl, den er weiter zum Meere hin in den wachsgelben Sand gezogen hatte."

Thomas Mann

Grand Hôtel des Bains

Lido

„… ich sehe eine riesige Hotelhalle, sanft belebt von eleganten Gästen, sitzend in tiefen Fauteuils und gruppiert um Tische, auf denen in altem Hotelkristall Getränke serviert werden. Ich sehe die niederschmetternd schöne Schauspielerin X, gekleidet in blassrosa Seide mit einem Überwurf aus grauer Spitze und einem perlgrauen Schleier, was ungeheuer vornehm wirkt. Sie hat sich unter einem Bouquet aus porzellanfarbenen Hortensien im Hintergrund der Halle niedergelassen, der Halle des „Grand Hôtel des Bains."

Wir befinden uns also im Film, genauer, der Verfilmung des „Tod in Venedig" von Luchino Visconti, und ob die Halle des „Grand Hôtel des Bains" tatsächlich so aussieht, habe ich nicht überprüft. Es gibt sie aber immer noch, da das Hotel noch existiert – mit seinem Strand, seinen Badehütten (die übrigens bei weitem nicht den nostalgischen Chic des Films besitzen) und seinem schönen Park. Aber die Gäste scheinen andere geworden zu sein. Eleganz ist halt nicht nur eine Frage des Geldes! Bedauerlicherweise verfügte ich auch darüber nicht, und so begnügte ich mich damit, den Hotelangestellten zuzusehen, wie sie von den Fenstern die hölzernen Lunetten für die kommende Saison montierten und den Kies vor der Auffahrt von winterblassen Blättchen befreiten.

Es fehlte mir an diesem Tag an Mut, die allzu freie Freitreppe zu erklimmen und die Hotelhalle zu erobern. Ich stahl ein paar Märzveilchen vor dem eisernen Tor und warf einen Blick in den alten Park. Ich schlenderte unter weißblühenden Bäumen die Hauptstraße in der Dämmerung zurück zum Bootsanleger und verließ die Insel ohne Bedauern.

I.R.

Am Anleger San Marcuola

„Hüte weggeblasen, Boot voller Wasser, Ruder verloren, Meer aufgewühlt. Donner… da fand ich sie auf den offenen Stufen des Mocenigo-Palastes, am Canal Grande, ihre großen, schwarzen Augen warfen Blitze durch die Tränen hindurch, und das lange, dunkle Haar hing ihr vom Regen durchnäßt über Stirn und Brust.“
Die wunderbare Opernszene hinderte den Lord nicht daran, die hartnäckige Geliebte aus dem Palast zu werfen, was diese bewog, in den Kanal zu springen. Anstatt ein Handtuch, holte Byron einen Arzt, der zum vorläufigen Bleiben riet – und alles ging von vorn los, was zwar überall so ist, aber Venedig mit seiner Choreographie der Wiederbegegnungen ist geradezu prädestiniert dafür.

Eva Demski

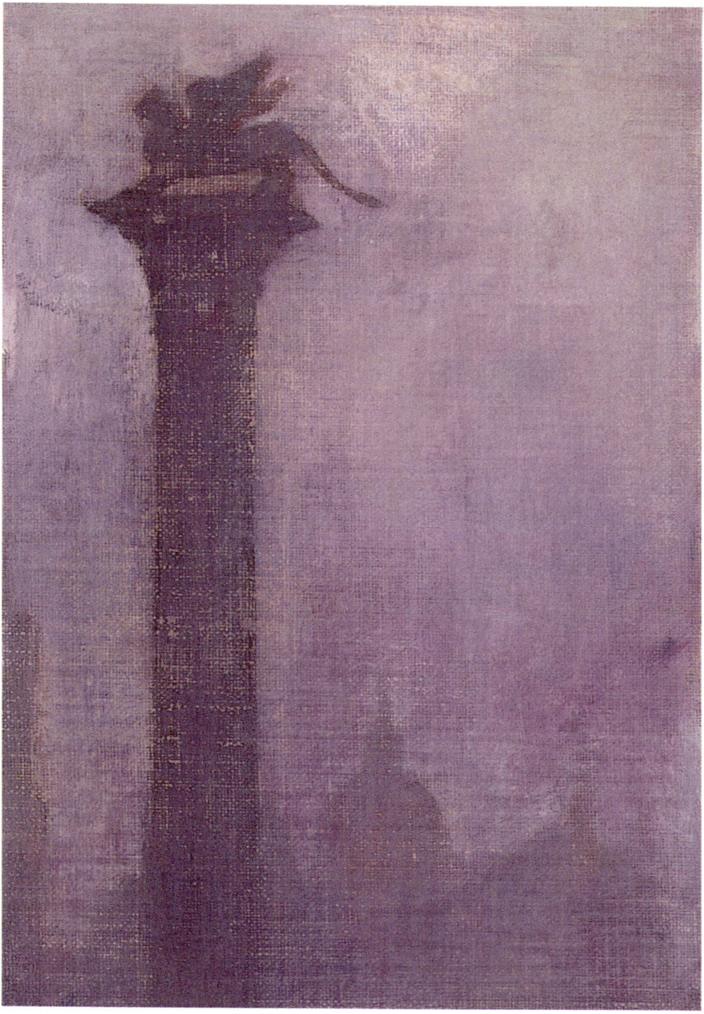

„... Es geht nur das wirkliche Venedig an, die Stadt der Paläste, der Abenteuer, der Masken und der blassen Lagunennächte, die, wie keine anderen Nächte sonst, den Ton von heimlichen Romanzen tragen."

Rainer Maria Rilke. Aus: "Geschichten vom lieben Gott".

Alte Lagerhallen in Dorsoduro

Dorsoduro

Das 5. Sestiere

An warmen Tagen bekommen Sie an der Uferpromenade mehr Sonne, als ihrem Teint gut tut. An schönen Sonntagen wimmelt es hier von genussfreudigen Venezianern: man sitzt auf der Holzterrasse, an den Tischchen der Restaurants, man isst und trinkt. Aber man kann auch an kühlen Tagen hierher kommen, wenn es ruhig ist. Eine melancholische Stille liegt dann hinter den alten Lagerhäusern der Stazione Marittima, und an der Kirche San Sebastiano sitzen höchstens ein oder zwei Zeitungsleser in dicken Wintermänteln auf der Bank. Schön ist es trotzdem. Rau und traurig – wie ein Lied von Tom Waits.

I.R.

Trattoria auf dem Campo Santa Margherita

Campo Santa Margherita.
Hier schlägt das Herz des Viertels.
Piazza heißt in Venedig nur der Markusplatz, sonst heißen alle Plätze Campo. Sie sind die Boudoirs, die Spielplätze und die Salons der Stadt. Der Campo Santa Margherita ist das Wohn- und Kinderzimmer. Wer eine Schwäche für die engelsgesichtigen italienischen Bambini hat, wird hier wunderbare Stunden verbringen.

I.R.

Wandelt sich rasch auch die Welt
wie Wolkengestalten,
alles Vollendete fällt
heim zum Uralten.

Über dem Wandel und Gang.
weiter und freier,
währt noch ein Vor-Gesang,
Gott mit der Leier.

Nicht sind die Leiden erkannt,
nicht ist die Liebe gelernt,
und was im Tod uns entfernt,

ist nicht entschleiert.
Einzig das Lied überm Land
heiligt und feiert.

Rainer Maria Rilke. Aus: „Rilke für Gestreßte“.

In der Nähe der Dogana

Herbsttag

Herr: es ist Zeit. Der
Sommer war sehr groß.
Leg deinen Schatten auf
die Sonnenuhren,
und auf den Fluren laß
die Winde los.

Befiehl den letzten
Früchten voll zu sein;
gib ihnen noch zwei
südlichere Tage,
dränge sie zur
Vollendung hin und jage
die letzte Süße in den
schweren Wein.

Wer jetzt kein Haus hat,
baut sich keines mehr.
Wer jetzt allein ist, wird
es lange bleiben,
wird wachen, lesen, lange
Briefe schreiben
und wird in den Alleen
hin und her
unruhig wandern, wenn
die Blätter treiben.

Rainer Maria Rilke
Aus: „Der ausgewählten
Gedichte erster Teil“.

Café bei San Sebastiano

Lorenzo Der Mond scheint hell: in solcher Nacht wie diese,
Da linde Luft die Bäume schmeichelnd küßte
Und sie nicht rauschen ließ, in solcher Nacht
Erstieg wohl Troilus die Mauern Trojas,
Und seufzte seine Seele zu den Zelten
Der Griechen hin, wo seine Cressida
Die Nacht in Schlummer lag.

Jessica In solcher Nacht
Schlüpft überm Taue Thisbe furchtsam hin,
Und sah des Löwen Schatten eh' als ihn,
Und lief erschrocken weg.

Lorenzo In solcher Nacht
Stand Dido, eine Weid' in ihrer Hand,
Am wilden Strand, und winkte ihrem Liebsten
Zur Rückkehr nach Karthago.

Jessica In solcher Nacht
Las einst Medea jene Zauberkräuter,
Den Äson zu verjüngen.

Lorenzo In solcher Nacht
Stahl Jessica sich von dem reichen Juden,
Und lief mit einem ausgelassnen Liebsten
Bis Belmont von Venedig

Jessica In solcher Nacht
Schwor Ihr Lorenzo, jung und zärtlich, Liebe,
Und stahl ihr Herz mit manchem Treugelübd',
Wovon nicht eines echt war.

William Shakespeare

Dogana bei Anbruch der Nacht

Santa Croce

Das 6. Sestiere

Ich irrte durch enge
Gassen und trieb mich
herum in den Randzonen
der Stadt.
Zeit spielte keine Rolle.
Umhüllt, eingehüllt in
bildhafte Geschichte,
reduzierten sich meine
Wünsche aufs
Elementare. Die Tempel
des Luxus – auch hier –
lockten zum Schauen,
vielleicht, aber nicht
mehr. Ich wusste, jeder
Tag würde mein
Verlangen nach der Stadt
stillen:
Ich würde satt sein.

I.R.

Irgendwie ist dieses Viertel verschwommener als die anderen. Es scheint etwas von allen zu haben, und wird widersprüchlich dabei. Es ist das 6., das letzte Sestiere. Der Abschied ist nicht mehr weit. Ob ich deshalb so schwermütig bin?

I.R.

„Die Tugend des Frauenzimmers ist eine schöne Tugend. Die des männlichen Geschlechts soll eine edele Tugend sein. Sie [Die Frauen] werden das Böse vermeiden, nicht weil es unrecht sondern weil es häßlich ist, und tugendhafte Handlungen bedeuten bei ihnen solche, die sittlich schön sind. Nichts von Sollen, nichts von Müssen, nichts von Schuldigkeit. Das Frauenzimmer ist aller Befehle und alles mürrischen Zwanges unleidlich. Sie tun etwas nur darum, weil es ihnen so beliebt, und die Kunst besteht darin, zu machen, daß ihnen nur dasjenige beliebe was gut ist. Ich glaube schwerlich, daß das schöne Geschlecht der Grundsätze fähig sei, und ich hoffe dadurch nicht zu beleidigen, denn diese sind auch äußerst selten beim männlichen."

Immanuel Kant

Der Giardino Papadopulo ist klein. An der Außenmauer umringt von allerlei hübschen Nymphen. Innen ein paar Bänke, ein paar beschattete Pfade unter alten Bäumen. Das ist schon der ganze Park. Doch in einer Wasserstadt ist jeder Baum, ist jedes Grün willkommen.

I.R.

Wenn man am Ende des Rio dei Tolentini wieder auf den Canal Grande stößt, sind es ein paar Schritte bis San Simeone Piccolo.
Diesmal blickt man nicht auf seine Fassade, nicht auf den Portikus, der eine kleinformatige Nachbildung des Pantheons in Rom ist, sondern auf den Bahnhof genau gegenüber, Stazione Santa Lucia.
In wenigen Schritten erreicht man die Ponte degli Scalzi.
Man schleppt vielleicht seinen Koffer die vielen Stufen der Treppe hinauf. Es ist heiß und der Koffer ist schwer …
Es ist Abschiedszeit. Wir hassen lange Abschiede. Wir machen es kurz. Ein letzter Blick auf einen echten „Grande“: den großen Kanal. Adieu.

I.R.

Und sicher nun in Morgensonnenglut
Streicht unser buntes Fahrzeug durch die Flut.
Musik umpfängt mit Zauberei den Sinn
Und schmilzt melodisch auf dem Wasser hin.
Die Welle scherzt, der Wind schläft irgendwo …

Alexander Pope

Lebenslauf

Grössres wolltest auch du, aber die Liebe zwingt
All uns nieder, das Leid beuget gewaltiger,
Und es kehret umsonst nicht
Unser Bogen, woher er kommt.

Aufwärts oder hinab! wehet in heilger Nacht,
Wo die stumme Natur werdende Tage sinnt,
Wehet im nüchternen Orkus
Nicht ein liebender Odem auch?

Dies erfuhr ich. Denn nie, sterblichen Meistern gleich,
Habt ihr Himmlischen, ihr Alleserhaltenden,
Daß ich wüßte, mit Vorsicht
Mich des ebenen Pfads geführt.

Alles prüfe der Mensch, sagen die Himmlischen,
Daß er, kräftig genährt, danken für alles lern,
Und verstehe die Freiheit,
Aufzubrechen, wohin er will.

Friedrich Hölderlin

Literaturangaben

Barbieri, Niccolò: In: Karl Riha. Commedia dell'Arte. Mit den Figuren Maurice Sands, S. 57. Insel Verlag, Frankfurt am Main 1980.

Basho: In: Haiku. Japanische Gedichte, S. 64. Deutscher Taschenbuch Verlag, München 1994.

Brodsky, Joseph: Ufer der Verlorenen, S. 55. Aus dem Amerikanischen von Jörg Tobitius. Fotografien von Peter-Andreas Hassiepen. © 2001 Carl Hanser Verlag, München – Wien.

Buson, Taniguchi: Gelbe Chrysanthemen, S. 36. In: Vollmond und Zikadenklänge. Japanische Verse und Farben. C. Bertelsmann Verlag, Gütersloh 1955.

Calmo, Andrea: Mundartgedicht über die Sehenswürdigkeiten unserer Sümpfe, 1553.

Demski, Eva – VENEDIG. SALON DER WELT, S. 31-32. © 1996 by Schöffling & Co. Verlagsbuchhandlung GmbH, Frankfurt am Main.

Fontane, Emilie: Gelato und Birra, S. 203. In: Italien. Reise-Lesebuch. Stefan Janson (Hrsg.). Deutscher Taschenbuch Verlag, München 2002.

Hölderlin, Friedrich: Gedichte, S. 63 und S. 76. Insel Verlag, Frankfurt am Main

Kant zum Vergnügen: „Man merkt leicht, daß auch kluge Leute bisweilen faseln", S. 21-22. Volker Gerhardt (Hrsg.). Reclam Verlag, Stuttgart 2003.

Kerr, Alfred: Rakéel', S. 193. In: Italien. Reise-Lesebuch. Stefan Janson (Hrsg.). Deutscher Taschenbuch Verlag, München 2002.
Der Abdruck des Textes von Alfred Kerr erfolgt mit freundlicher Genehmigung der S. Fischer Verlag GmbH.

Koeppen, Wolfgang: Ich bin gern in Venedig warum, S. 55-56. Suhrkamp Verlag, Frankfurt am Main 1996.

Li-tai-pe: Selbstvergessenheit, S. 53. In: Chinesische Gedichte. Nachdichtungen. Klabund (Hrsg.). Phaidon Verlag AG, Stuttgart, Zürich, Salzburg 1958

Logau, Friedrich von: Der Mittag, S. 53. In: Tageszeiten Gedichte. Norbert Schachtsiek-Freitag (Hrsg.). Insel Verlag, Frankfurt am Main 1989.

Machiavelli, Niccolò: Briefe. Brief vom 26. November 1509.

Mann, Thomas: Der Tod in Venedig, S. 213 und S. 247. In: Thomas Mann. Meisternovellen. Fischer Verlag, Frankfurt am Main.
Der Abdruck der Texte von Thomas Mann erfolgt mit freundlicher Genehmigung der S. Fischer Verlag GmbH.

Molière: Die lächerlichen Preziösen. S. 17. Irmgard Rauthe-Welsch (Hrsg.). Reclam Verlag, Stuttgart 1974.

Nietzsche, Friedrich: Die Sonne sinkt, S. 60-61. In: Tageszeiten Gedichte. Norbert Schachtsiek-Freitag (Hrsg.). Insel Verlag, Frankfurt am Main 1989.